Calligrafia

moderna e hand lettering

_____

_____

Basi di Tipografia

Non per essere troppo semplicistici, ma ci sono alcuni accorgimenti di base che vi permetteranno di avere successo nel lettering. All'inizio, la postura, l'impugnatura della penna e la carta possono sembrare poco importanti, ma in realtà servono a darvi le migliori possibilità di padroneggiare il lettering.

Corpo

Potreste pensare: perché è importante? Ebbene, nel lettering o nella calligrafia (uso le parole in modo intercambiabile, anche se alcuni puristi diranno che è sbagliato. Per fortuna non sono loro a comandare) il movimento della penna o del pennello è fondamentale. È necessario posizionarsi in modo da lasciare alla mano e al braccio la massima libertà di movimento, il che significa che è incredibilmente difficile scrivere e organizzare una festa da ballo allo stesso tempo.

Provate a sedervi a una scrivania, al tavolo della sala da pranzo o in un posto dove i piedi possano essere appoggiati a terra e ci sia una superficie dura davanti a voi. Per scrivere bene, dovrete muovere tutto il braccio, quindi è bene usare la mano non dominante per tenere fermo il foglio. In questo modo si otterrà un maggiore controllo.

Penna

Quando si impugna la penna (o il pennarello o il pennello o qualsiasi altro oggetto di fantasia) si desidera una presa moderata, abbastanza salda da non scivolare dalla mano, ma sufficientemente sciolta da poter fare mulinelli e giri e cambiare spesso la pressione. Per saperne di più, si veda più avanti.

La cosa più importante della penna è che deve essere tenuta in posizione angolata. Anche una penna a pennello è essenzialmente un pennello e se volete sfruttare i tratti del pennello dovrete sfruttare il pennello stesso, se lo usate solo in alto e in basso è impossibile distinguere tra i tratti morbidi verso l'alto e i tratti decisi verso il basso. Lo scoprirete, ve lo assicuro.

È un'abilità nuova, non scoraggiatevi se non la capite subito. Ti assicuro che non hai imparato a camminare al primo tentativo e sei caduto spesso. Grazie a Cod, i tuoi genitori non hanno dato un'occhiata ai tuoi pietosi tentativi e non hanno deciso che camminare non fa per te. Ti hanno lasciato rialzare e continuare a provare. Fate così e vedrete grandi risultati nella vostra mentalità e probabilmente anche nel vostro modo di scrivere!

Strumenti da Utilizzare

Se lo desiderate, potete lanciarvi nella tana del coniglio della follia artigianale e probabilmente spendere una barca di soldi in forniture. Se questa è la vostra passione, fantastico. Per questo libro, ci stiamo mantenendo sul semplice, quindi useremo solo la penna Fudenosuke e una penna a pennello. Ma alcune opzioni tipiche sono:

★ Matite

Semplice, di base, quasi tutti possono trovarla. È un'opzione solida.

★ Penne

Non sapete da dove cominciare? Prendete una penna. Le penne Micron sono perfette, ma potete sbizzarrirvi anche con un pennarello o un gel e prendere una buona monolinea.

★ Penne a Pennello

È la versione moderna di quella penna d'oca che si usava in epoca coloniale e che, se non state attenti, potrebbe diventare la vostra nuova ossessione.

Il consiglio è di evitare di iniziare con una penna a pennello grande e morbida, perché è più difficile da controllare quando si sta ancora cercando di capire i movimenti del braccio.

★ Acquerelli

Già. È il momento dell'arte vera e propria. Funzionano benissimo e potete cambiare i pennelli a vostro piacimento per ottenere risultati diversi. Sperimentate, è divertente!

Strumenti da Utilizzare

★ Gesso

Ci sono dei pennarelli che si possono comprare e prima che ve ne accorgiate sarete un genio delle scritte con i gessetti, l'effetto è fantastico e tutti amano una bella lavagna sul marciapiede.

★ Carta

Abbiamo impostato questo libro in modo che possiate utilizzare lo spazio a disposizione, ma se volete esercitarvi su qualcosa, dovete procurarvi del materiale di tipo cartoncino pesante. La carta sottile come quella delle stampanti è difficile da usare, quindi è meglio investire in qualcosa di più pesante.

★ Penna Fudensosuke

In questo libro usiamo una penna fineliner per la scrittura monolinea.

Potete ordinarne una qualsiasi o prenderne una nel vostro negozio di artigianato di fiducia.

★ Penne a Pennello

Per il nostro lettering insieme potete usare una penna a pennello per la calligrafia a pennello e i disegni fioriti.

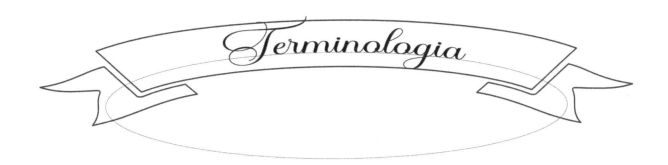

Terminologia

Se volete imparare a scrivere, dovete prima imparare qualche parola del vocabolario, quindi non saltate ancora le pagine!

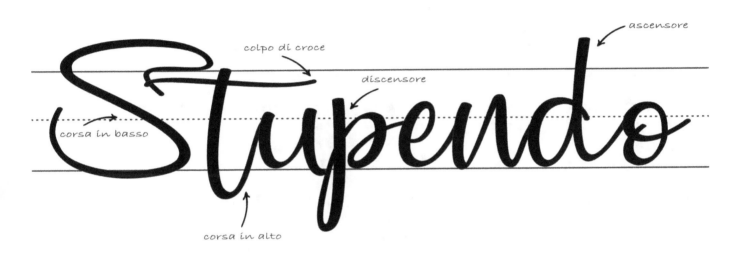

ascensore
colpo di croce
discensore
corsa in basso
corsa in alto

CORSA IN BASSO: qualsiasi movimento verso il basso dello strumento di scrittura. Queste linee sono spesse!

SUCCESSIONE: qualsiasi movimento verso l'alto con lo strumento di scrittura.

Queste linee sono sottili!

ASCENDER: La parte della lettera che si estende al di sopra della linea media (ad esempio, la parte superiore della T vista qui).

DISCENDENTE: La parte della lettera che si trova al di sotto della linea di base (ad esempio la parte inferiore di lettere come la "g" e la "y").

FLUSSO: sono i tratti aggiunti e le frecce utilizzate per decorare o migliorare le lettere.

CROSSBAR: tratti orizzontali su lettere come "t", "f" e "H" maiuscola. FORMA LETTERARIA: La forma di una lettera.

UNO: IL CONSIGLIO PIÙ IMPORTANTE È QUELLO DI SCRIVERE LENTAMENTE! PENSATE AL LETTERING COME AL DISEGNO DI OGNI LETTERA, INVECE DI SCRIVERE SEMPLICEMENTE OGNI LETTERA.

DUE: INIZIATE CON UNA MATITA. POTETE DISEGNARE E CANCELLARE MENTRE PERFEZIONATE LE LETTERE!

TRE: RIPRENDETE LA PENNA TRA UN TRATTO E L'ALTRO. A DIFFERENZA DEL CORSIVO, DOVE LA PENNA SCORRE SUL FOGLIO PER TUTTA LA PAROLA, IL LETTERING È COMPOSTO DA PIÙ TRATTI.

QUATTRO: COME GIÀ DETTO, NELLA CALLIGRAFIA I TRATTI DISCENDENTI SONO SEMPRE PIÙ SPESSI.

CINQUE: I TRATTI ASCENDENTI SONO SEMPRE PIÙ SOTTILI.

SEI: PRATICA! PRIMA DI TUTTO PADRONEGGIATE LE FORME DELLE LETTERE! POI IMPARATE A COLLEGARE LE LETTERE MENTRE SCRIVETE PAROLE COMPLETE. UNA VOLTA ACQUISITA LA PADRONANZA DEI COLLEGAMENTI, ESERCITATEVI NELLA COMPOSIZIONE E NEL DISEGNO!

NELLA PROSSIMA SEZIONE INIZIEREMO A DISEGNARE I TRATTI E LE FORME DI BASE DELLE LETTERE!

PREPARATE MATITE, PENNE E PENNELLI1 IL VOSTRO VIAGGIO NEL LETTERING HA INIZIO!

Tratti di base
Introduzione

QUESTA È ANCHE CONOSCIUTA COME "FINTA CALLIGRAFIA". MI SONO INNAMORATA DI QUESTI TRATTI PIUTTOSTO SPESSI

NELLA MIA TESTA, MA IN PRATICA AMO LA MONOLINEA. È PIÙ VELOCE (E CREDO ANCHE PIÙ FACILE) E

E SICURAMENTE INCANALA LA MIA BESTIA ARTIGIANALE DI PINTEREST CHE C'È IN ME. SI USANO ESSENZIALMENTE GLI STESSI

MOVIMENTI DEL PRECEDENTE ALFABETO A PENNELLO, MA SI MANTIENE UNA PRESSIONE COSTANTE

COME LA VOSTRA LETTERA. NON CI SONO TRATTI SPESSI VERSO IL BASSO. ANCHE IN QUESTO CASO SI POSSONO USARE LE MATITE O LE PENNE

ANCHE IN QUESTO CASO, ANCHE SE VI CONSIGLIO DI USARE LA PUNTA PIÙ PICCOLA.

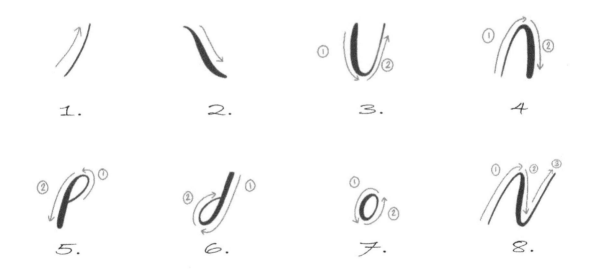

1.   2.   3.   4

5.   6.   7.   8.

1. COLPI IN ALTO   5. ANELLO ASCENDENTE

2. COLPI BASSI   6. ANELLO DISCENDENTE

3. ROVESCIO   7. OVALE

4. INVERSIONE DI MARCIA   8. CURVA COMPOSTA

Colpi in Alto

- - INIZIA DAL BASSO VERSO L'ALTO/APPLICATO CON UN MOVIMENTO ASCENDENTE
- - SOTTILE E CONSISTENTE
- - APPLICARE UNA LEGGERA PRESSIONE

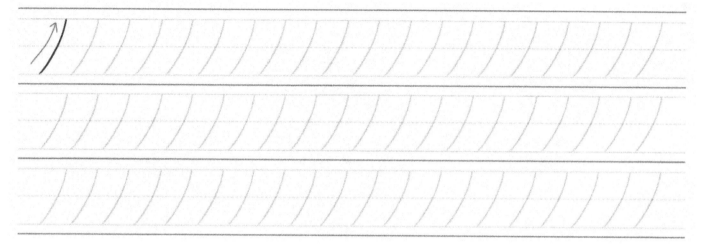

Colpi Bassi

- - OPPOSTO A QUELLO DEI COLPI VERSO L'ALTO- INIZIA DALL'ALTO VERSO IL BASSO/ APPLICATO CON UN MOVIMENTO VERSO IL BASSO APPLICA UNA PRESSIONE MAGGIORE
- - INIZIARE DALL'ALTO, MUOVENDO GRADUALMENTE LA PENNA VERSO IL BASSO CON UNA PRESSIONE MEDIA, AUMENTANDO LA PRESSIONE MAN MANO CHE SI ARRIVA IN BASSO
- DIMINUIRE LA PRESSIONE ALLA FINE.

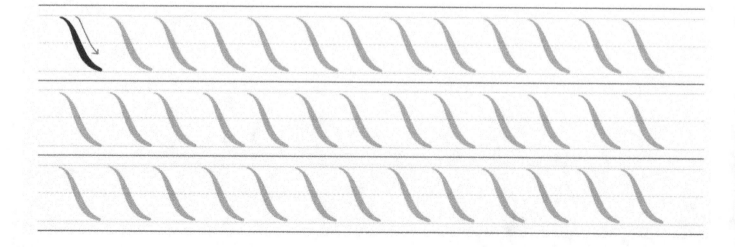

Sottogiro

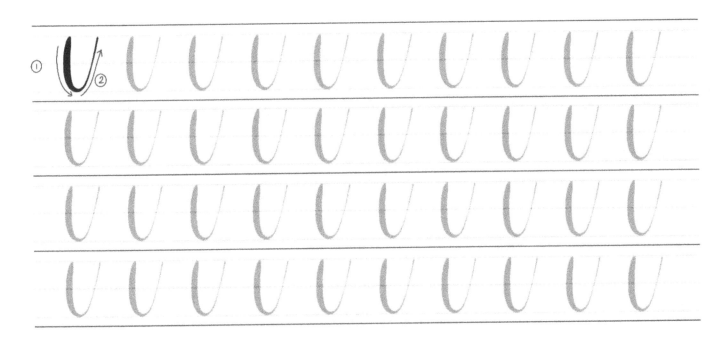

Giravolta

- LINEA DI SALITA, PASSAGGIO A UNA LINEA DI DISCESA SPESSA

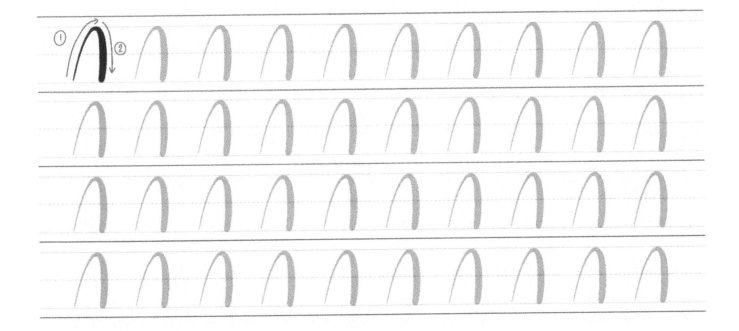

Anello Ascendente

Anello Discendente

Calligrafia di base

ALFABETO LETTERE MAIUSCOLE - CARATTERE UNO

A A A A A A A A A A A

B B B B B B B B B B

C C C C C C C C C C C

D D D D D D D D D D D

E E E E E E E E E E E E

F F F F F F F F F F F F

G G G G G G G G G G

Orale

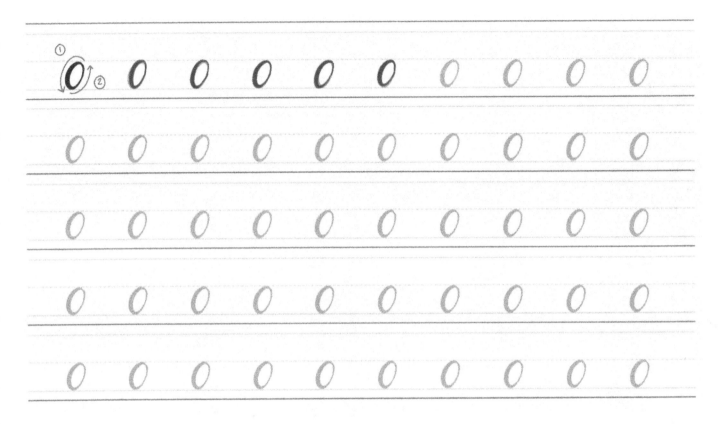

Compressione Turno

Scheda Pratica

Calligrafia di base

$\mathcal{H}$ $\mathcal{H}$ $\mathcal{H}$ $\mathcal{H}$ $\mathcal{H}$ $\mathcal{H}$ $\mathcal{H}$

$\mathcal{I}$ $\mathcal{I}$ $\mathcal{I}$ $\mathcal{I}$ $\mathcal{I}$ $\mathcal{I}$ $\mathcal{I}$ $\mathcal{I}$ $\mathcal{I}$

$\mathcal{L}$ $\mathcal{L}$ $\mathcal{L}$ $\mathcal{L}$ $\mathcal{L}$ $\mathcal{L}$ $\mathcal{L}$ $\mathcal{L}$ $\mathcal{L}$ $\mathcal{L}$ $\mathcal{L}$

$\mathcal{M}$ m m m m m m m

$\mathcal{N}$ n n n n n n n

$\mathcal{O}$ $\mathcal{O}$ $\mathcal{O}$ $\mathcal{O}$ $\mathcal{O}$ $\mathcal{O}$ $\mathcal{O}$ $\mathcal{O}$ $\mathcal{O}$

$\mathcal{P}$ $\mathcal{P}$ $\mathcal{P}$ $\mathcal{P}$ $\mathcal{P}$ $\mathcal{P}$ $\mathcal{P}$ $\mathcal{P}$

Scheda Pratica

Calligrafia di base

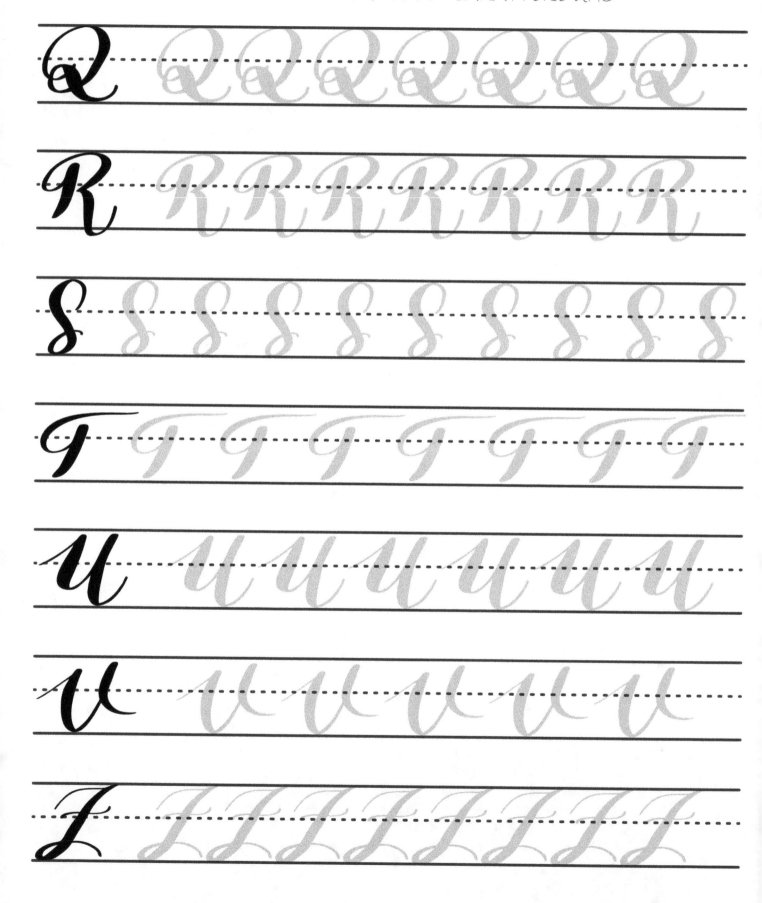

Scheda Pratica

Calligrafia di base

J J J J J J J J

K K K K K K K K

w w w w w w w w

X X X X X X

y y y y y y y y

Calligrafia di base

a a a a a a a a a a

b b b b b b b b b

c c c c c c c c c

d d d d d d d d d

e e e e e e e e e

f f f f f f f f f f

g g g g g g g g g

Scheda Pratica

Calligrafia di base

ALFABETO LETTERE MINUSCOLE - CARATTERE UNO

h h h h h h h h h

i i i i i i i i i i

c c c c c c c c c

m m m m m m m m m

n n n n n n n n n

o o o o o o o o o o o

p p p p p p p p p

Scheda Pratica

Calligrafia di base

q q q q q q q q

r r r r r r r r

s s s s s s s s

t t t t t t t t

u u u u u u u u

v v v v v v v v

z z z z z z z z

Scheda Pratica

Calligrafia di base

j *j j j j j j j*

k *k k k k k k k*

w *w w w w w w*

x *x x x x x x x*

y *y y y y y y y*

Scheda Pratica

Calligrafia di base

PRATICA DELLE MAIUSCOLE E DELLE MINUSCOLE

A A A A A A A A A A A

a a a a a a a a

B B B B B B B B B

b b b b b b b b b

C C C C C C C C C C C

c c c c c c c c c c

D D D D D D D D D D

Scheda Pratica

Calligrafia di base

d d d d d d d d d d d

E E E E E E E E E E

e e e e e e e e e

F F F F F F F F F

f f f f f f f f f f

G G G G G G G G G

g g g g g g g g g

Scheda Pratica

Calligrafia di base

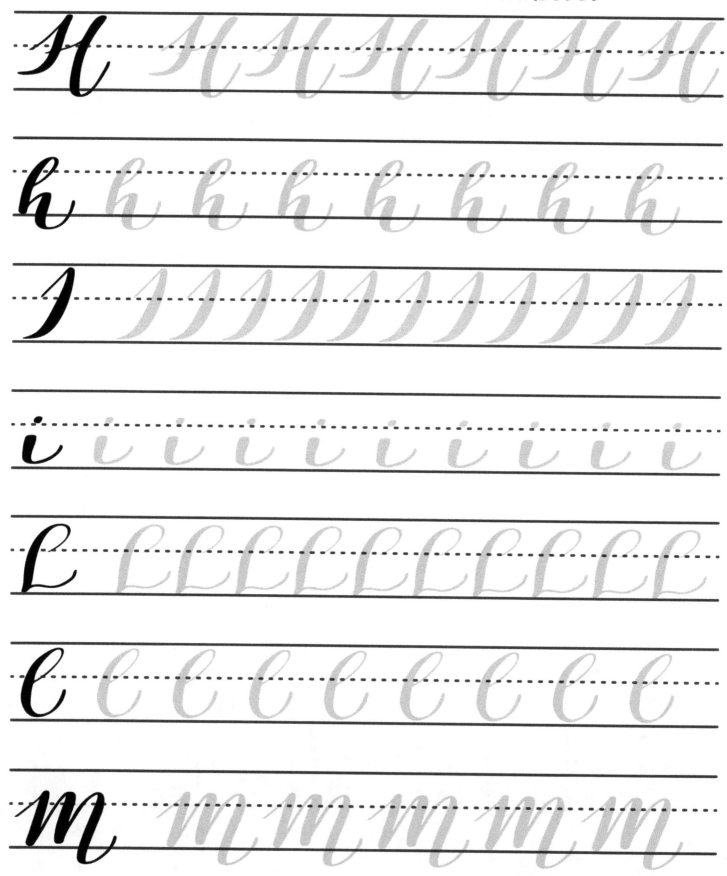

Scheda Pratica

Calligrafia di base

m m m m m m m m m

n n n n n n n n n

u u u u u u u u u

O O O O O O O O

o o o o o o o o o

P P P P P P P P P

p p p p p p p p p

Scheda Pratica

Calligrafia di base

Q Q Q Q Q Q Q Q Q Q Q

q q q q q q q q q q

R R R R R R R R R

v v v v v v v v v v v

S S S S S S S S S S

s s s s s s s s s s s s

T T T T T T T T T T T

Scheda Pratica

Calligrafia di base

t t t t t t t t t

u u u u u u u u u

u u u u u u u u u

v v v v v v v v

v v v v v v v v v

y y y y y y y y y

z z z z z z z z z

Calligrafia di base

PRATICA DELLE MAIUSCOLE E DELLE MINUSCOLE

J J J J J J J J

j j j j j j j j j

K K K K K K K K

k k k k k k k k k

w w w w w w w

w w w w w w w w

X X X X X X

Scheda Pratica

Calligrafia di base

x x x x x x x x x x x

y y y y y y y y y y y

y y y y y y y y y

Scheda Pratica

Calligrafia di base

ALFABETO LETTERE MAIUSCOLE - CARATTERE DUE

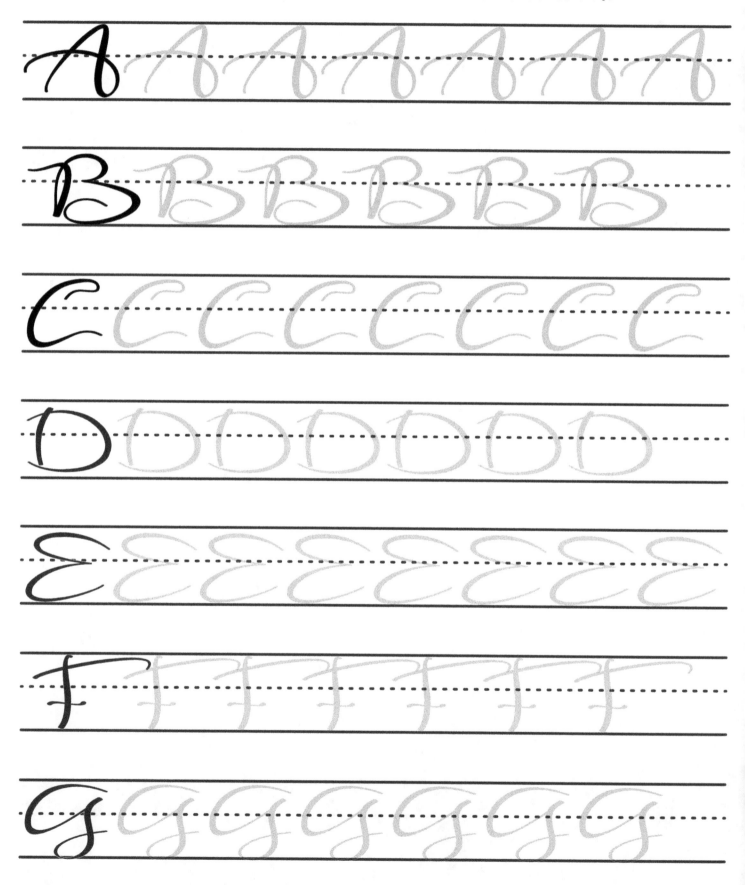

Calligrafia di base

H

I

L

M

N

O

P

Scheda Pratica

Calligrafia di base

Q Q Q Q Q Q Q Q Q Q Q Q

R R R R R R R R R R

S S S S S S S S S S

t t t t t t t t t

U U U U U U U U U U U U

V V V V V V V V V V

3 3 3 3 3 3 3 3 3

Scheda Pratica

Calligrafia di base

PRATICA DELLE MAIUSCOLE - CARATTERE DUE

$\mathcal{J}$ $\mathcal{J}$ $\mathcal{J}$ $\mathcal{J}$ $\mathcal{J}$ $\mathcal{J}$ $\mathcal{J}$ $\mathcal{J}$

$\mathcal{X}$ $\mathcal{X}$ $\mathcal{X}$ $\mathcal{X}$ $\mathcal{X}$ $\mathcal{X}$

$\mathcal{W}$ $\mathcal{W}$ $\mathcal{W}$ $\mathcal{W}$ $\mathcal{W}$ $\mathcal{W}$ $\mathcal{W}$

$\mathcal{X}$ $\mathcal{X}$ $\mathcal{X}$ $\mathcal{X}$ $\mathcal{X}$

$\mathcal{Y}$ $\mathcal{Y}$ $\mathcal{Y}$ $\mathcal{Y}$ $\mathcal{Y}$ $\mathcal{Y}$

Calligrafia di base

a a a a a a a a a a

b b b b b b b b b

c c c c c c c c c

d d d d d d d

e e e e e e e e

f f f f f f f f f

g g g g g g g

Scheda Pratica

Calligrafia di base

h h h h h h h h h

i i i i i i i i i

l l l l l l l l l

m m m m m m m m m

u u u u u u u u u

o o o o o o o o o

p p p p p p p p p

Scheda Pratica

Calligrafia di base

q q q q q q q q q q q q

r r r r r r r r r r r r

s s s s s s s s s s

t t t t t t t t t t t

u u u u u u u u u

v v v v v v v v v v v v

z z z z z z z z z

Scheda Pratica

Calligrafia di base

j j j j j j j j j j j j

t t t t t t t t t t t t

w w w w w w w w w w w w

x x x x x x x x x x x x

y y y y y y y y y y y y

Scheda Pratica

Calligrafia di base

Luna Luna

Mare Mare

Vino Vino

Famiglia

Felicità Felicità

Libertà Libertà

Sogni Sogni

Scheda Pratica

Calligrafia di base

Amore Amore

Bellezza

Grazie Grazie

Dolce Dolce

Ciao Ciao Ciao

Vita Vita

Sole Sole Sole

Scheda Pratica

Calligrafia di base

PRATICA PAROLE INTERE - CARATTERE UNO

Luna Luna

Mare Mare

Vino Vino

Famiglia

Felicità Felicità

Libertà Libertà

Sogni Sogni

Scheda Pratica

Calligrafia di base

Amore Amore

Bellezza

Grazie Grazie

Dolce Dolce

Ciao Ciao Ciao

Vita Vita

Sole Sole Sole

Scheda Pratica

Calligrafia di base

Luna Luna Luna

Mare Mare Mare

Vino Vino Vino

Famiglia Famiglia

Felicità Felicità

Libertà Libertà

Sogni Sogni Sogni

Scheda Pratica

Calligrafia di base

Amore   Amore

Bellezza   Bellezza

Grazie   Grazie

Dolce   Dolce   Dolce

Ciao   Ciao   Ciao

Vita   Vita   Vita

Sole   Sole   Sole

Scheda Pratica

Scheda Pratica

Scheda Pratica

Scheda Pratica

Scheda Pratica

"Desidero ringraziarti per l'acquisto di questo libro. Sarei estremamente grato se potessi dedicare un momento a lasciare un parere. Ciò aiuta la nostra piccola azienda a crescere e a raggiungere un numero maggiore di persone."